Le canard

Clown de la mare

Texte de Pascale HÉDELIN
Photos de l'agence COLIBRI

Mini Patte

MILAN jeunesse

Collection dirigée par Valérie Tracqui

Pour la sieste, il choisit un étang
aux eaux claires, à la vue dégagée.

Le colvert habite sur les étangs, presque partout en Europe, dans la nature ou dans les villes.

Sur l'étang

C'est l'automne. Tout est calme sur l'étang après la pluie. Seuls quelques petits bruits troublent le silence.
Bloub ! Une carpe gobe un moustique à la surface de l'eau.
Bien tranquille à l'abri des roseaux, le canard colvert se repose.
Quand il vit dans la nature, à l'état sauvage, il dort plutôt le jour et attend le soir pour rejoindre sa zone d'alimentation.

Parfait équipement

Le canard est à l'aise dans l'eau et dans l'air. Grâce à ses pattes palmées, il nage très bien. Son plumage imperméable l'isole du froid et de l'eau. Il le camoufle et l'aide à voler. Le canard en prend grand soin et fait souvent sa toilette.

Le mâle a le cou vert, un collier blanc et des plumes retroussées sur la queue. La femelle a le bec orange.

Large et aplati, le bec en forme de cuillère est très pratique pour fouiller la vase.

Le canard a des pattes palmées à 3 doigts.

Ses plumes sont couvertes d'une huile, qu'il étale avec son bec. Cela les rend imperméables.

Le canard a des petits sacs d'air dans le ventre.
Grâce à ces bouées, la femelle flotte sans fatigue sur l'eau !

Décollage ! Le colvert déploie ses ailes et s'envole à la verticale.

Comme il est lourd, il doit battre sans arrêt des ailes.

Pour se poser, le canard lance ses pattes en avant et freine avec les ailes.

Canard... vole !

Quand le soir arrive, le canard a faim. Comme chaque jour, il déménage avec ses compagnons vers un autre étang, plus riche en nourriture. Schtââk ! Pour décoller, il bondit hors de l'eau en poussant sur ses pattes. Quel bruit ! Le voilà dans les airs. Le canard vole très bien. Résistant, il peut se déplacer vite et longtemps. Ah ! restaurant en vue...

Repas du soir

Miam ! Le canard n'est pas difficile, il mange de tout : graines, plantes aquatiques, vers, larves, petits insectes...
Il se nourrit à la surface de l'eau ou bien... prend sa respiration, et plouf ! fait la culbute, tête la première et queue en l'air, pour pêcher plus profond. Son bec et sa langue, très sensibles, lui permettent de rechercher à l'aveuglette ce qui lui plaît.

Les canards dînent dans les eaux calmes, vaseuses et peu profondes, riches en nourriture.

Le canard colvert filtre l'eau avec son bec équipé de lamelles qui retiennent les aliments.

Il ne plonge pas entièrement sous l'eau. On dit qu'il barbote.

À l'automne, les colverts mangent des graines à terre.

Parfois, à l'approche du renard, le canard fait le mort, puis s'enfuit sous son nez. Le futé !

Les colverts se rassemblent par centaines. Ils se mêlent facilement à d'autres espèces d'oiseaux d'eau.

Les canards sont si nombreux que l'ennemi ne sait pas qui choisir... et n'attrape personne !

Méfiant, le canard donne vite l'alerte. Le mâle a un cri rauque, seule la femelle fait « coin coin ».

Tous pour un

Les canards mangent et se déplacent en grandes bandes bruyantes. Dans la troupe, il y a toujours un dégourdi qui trouve à manger, et les autres le suivent. C'est l'heure du repos. Soudain, un renard approche. Vite ! Un canard donne l'alerte en criant. Tout le monde s'enfuit à tire-d'aile. C'est utile de pouvoir compter les uns sur les autres !

Les fiancés

L'hiver arrive. Un soleil pâle éclaire l'étang, l'eau est plus froide sous les pattes. C'est la grande réunion de l'année : les canards se rassemblent en bandes géantes pour se fiancer. C'est la femelle qui choisit.

Elle s'aplatit sur l'eau et fait signe de la tête.

Dans le groupe, quand un mâle commence à faire sa cour, tous les autres l'imitent !

Monsieur et madame Colvert ne se quitteront plus de tout l'hiver.

Pour charmer la demoiselle, le mâle fait le beau... et le clown ! Il déploie ses ailes et se lance dans une danse très spéciale : il agite le bec dans l'eau, se dresse, projette des gouttes, siffle, fait semblant de faire sa toilette... Quel spectacle ! Le succès est assuré. Les voilà mariés.

La cane attend d'avoir pondu tous ses œufs pour couver.
Ainsi, les petits naîtront en même temps.

Face à la pie, gourmande d'œufs, la femelle fait mine d'être blessée pour détourner l'attention.

Quand elle s'absente, la cane cache ses œufs (de 7 à 15) sous des plumes, bien au chaud.

Un nid douillet

Le printemps est là. La cane a trouvé un endroit idéal pour faire son nid au sol : un creux bien à l'abri entre des rochers, à l'écart de l'étang. Elle y entasse des herbes et du duvet qu'elle détache de sa poitrine. Bien camouflée dans son plumage brun, elle veille toute seule sur ses œufs. Attention aux nombreux goulus ! Monsieur Canard, lui, est parti vivre sa vie...

Famille nombreuse

Un mois a passé.
Toc, toc ! Criicc... les petits brisent leur coquille à l'aide de leur solide bec.
Voici les jolis canetons !

Le nid est souvent loin de l'eau. La famille se met en marche peu de temps après l'éclosion.

Pour protéger ses canetons des ennemis, la cane veille à les garder bien groupés.

Le caneton nage, plonge, capture de petites proies… mais il ne vole pas encore.

La cane surveille bien ses bébés et les réchauffe sous son aile pendant 2 longs mois.

Au début, leur duvet est humide. Mais dès qu'il est sec, la petite famille quitte le nid et gagne l'étang. Allez, tous à l'eau ! Vifs et dégourdis, les canetons savent déjà nager et se nourrir seuls. Mais ils ne quittent pas leur maman…

Nouveau costume

C'est l'été. Les petits ont grandi. Pour les adultes, c'est le moment de changer de plumage : leurs plumes sont usées et tombent peu à peu. De nouvelles repoussent.

Sans plumes, les bébés ne peuvent pas voler !

Une fois que leurs petits sont partis, les canes perdent leurs plumes à leur tour.

Pendant la mue, le mâle garde son bec jaune.

Lorsqu'il perd les plumes de ses ailes, le canard colvert ne peut plus voler ! Alors, il se cache pendant 1 mois dans la végétation, bien à l'abri des prédateurs. Le mâle devient brun : il porte ce que l'on appelle le plumage d'éclipse. À l'automne, il changera à nouveau de costume pour retrouver ses belles couleurs.

Des arrivants

L'automne s'achève et déjà l'hiver dépose son manteau blanc. Tiens, qui sont tous ces nouveaux ? Ce sont des canards venus des pays froids. Ils passeront l'hiver sur l'étang, car ici il fait meilleur que chez eux, et il y a plus de nourriture. La plupart des canards sont de grands migrateurs, mais ceux des régions où il fait doux migrent peu.

Pour retrouver leur chemin, les canards se repèrent par rapport au soleil et aux étoiles.

Les voyageurs se mêlent à ceux qui ne quittent pas leur pays de tout l'hiver.

Grâce à leur duvet épais et à leur couche de graisse, les canards résistent au froid.

GARE À L'HOMME !

Le canard connaît les hommes depuis longtemps. En ville, il ne les craint pas. Il ne sait pas qu'à la ferme, on l'élève pour le manger! Mais dans la nature, le canard sauvage se méfie beaucoup des chasseurs, ses grands ennemis. Certains hommes détruisent les marais où vivent les canards... alors que d'autres créent des réserves naturelles pour les protéger.

Les marais asséchés deviennent des déserts. Plus de vie possible...

Sans abris

Pour gagner de nouvelles terres à cultiver ou à bâtir, les hommes assèchent les marais. Les canards sauvages ne peuvent plus s'y nourrir, s'y reposer, s'y reproduire. Leur habitat est détruit. De plus, de nombreuses zones humides où ils vivent (lacs, étangs, rivières...) sont polluées par les déchets toxiques déversés par les usines ou les grandes fermes.

Massacrés au plomb !

La chasse fait des ravages chez les canards. Chaque année, en France, les chasseurs en tuent près de 2 millions ! Ils connaissent leurs habitudes et les guettent quand ils se déplacent entre leurs lieux de repos et de nourrissage, ou pendant leurs migrations.
Et les plombs de chasse tombés au fond de la vase empoisonnent les canards qui les avalent par erreur.

Le chasseur est rusé : il se cache dans une « tonne » et attire le gibier avec de faux canards posés sur l'eau.

À la ferme

Pas de chance pour le canard : il est très bon à manger ! Voilà des siècles que les hommes l'ont domestiqué. Ils l'élèvent en grande quantité, dans des fermes, pour savourer ses œufs ou sa chair (on fait un délicieux pâté avec le foie de canard !). Quant à ses plumes et à son duvet, ils sont utilisés pour fabriquer des oreillers ou des couettes douillettes.

Doux et chaud, le duvet de canard garnit les couettes !

LES COUSINS

Le canard fait partie de la famille des anatidés, comme le cygne et l'oie. Tous ces oiseaux aquatiques ont un corps arrondi, des pattes palmées (souvent placées en arrière du corps) et un bec plat bordé de lamelles. Ils volent et nagent bien mais, sur le sol, la plupart se dandinent maladroitement ! Il existe des canards de surface, comme le colvert, et des canards plongeurs.

Le cygne tuberculé

Le **cygne tuberculé** se reconnaît à son bec rouge. Presque domestiqué, il vit sur les lacs des parcs. Fâché, il gonfle ses ailes au-dessus du dos en poussant des sifflements. Les cygnes sauvages ont le bec jaune.

L'oie cendrée

Bavarde, l'**oie cendrée** cancane beaucoup pour communiquer, même en vol. La vie de famille est très importante pour elle et le couple reste uni toute sa vie. Cette oie sauvage est herbivore et c'est une grande migratrice.

Album de famille

Le fuligule milouin

Le **fuligule milouin** est un canard plongeur : il plonge profond sous l'eau pour se nourrir de mollusques et de plantes.
Pour s'envoler, il court sur l'eau. En hiver, on le voit nicher un peu partout sur les étangs, en grandes bandes.

La sarcelle d'hiver

La **sarcelle d'hiver** est un petit canard sauvage, léger et très rapide en vol. La nuit, elle barbote dans l'eau peu profonde et la boue, à la recherche de graines. L'hiver, on peut l'observer un peu partout, en petits groupes. Mais les chasseurs la guettent...

Le canard de Barbarie

Le **canard de Barbarie** est un gros canard d'élevage qui ne vole pas. Au XVe siècle, il vivait encore à l'état sauvage en Amérique du Sud, mais on l'a domestiqué pour sa chair. La femelle, plus petite que le mâle, a de nombreux canetons et couve parfois les œufs des poules !

Quelques questions sur la vie du canard, dont tu trouveras les réponses dans ton livre.

Crédit photographique :

Agence COLIBRI : D. ALET : couverture ; P. CHEFSON : 4e de couverture, p. 16 (bg) ; A.-M. LOUBSENS : p. 4, 9 (hg), 10 (m), 14 (b), 14-15 (h), 24 (b), 28 (h), 29 (hg et b) ; A. AURICOSTE : p. 6 ; G. ABADIE : p. 6-7 ; NEGRO/CRETU : p. 8 ; COSNEFROY : p. 9 (hd) ; Ch. TESTU : p. 9 (b) ; LOUBSENS/DEQUIEDT : p. 10-11, 20 (b) ; R. TONNEL : p. 10 (bg) ; C. VILLETTE : p. 11 (b), 16-17 ; M. QUERAL : p. 12-13 (h) ; S. BONNEAU : p. 12 (b) ; A. ROUSSEL : p. 13 (bg), 25 ; C. BARANGER : p. 13 (bd) ; B. BONNAL : p. 14 (hg), 29 (hd) ; J.-Y. LAVERGNE : p. 15 (b) ; G. BONNAFOUS : p. 17 (hd) ; F. MERLET : p 18 ; A. LABAT : p. 19 (h) ; P. RICARD : p. 19 (b), 20 (h) ; M. RHOR : p. 21 (h) ; P. NEVEU : p. 21 (b) ; A. SAUNIER : p. 22 (bg) ; Ph. GRANVAL : p. 22-23, 26 (b) ; J.-M. BRUNET : p. 23 (h) ; J. GINESTOUS : p. 24 (h) ; A. GUERRIER : p. 26-27 ; S. BREAL : p. 27 (b) ; J.-L. ERMEL : p. 28 (b).

Loi 49.956 du 16.07.1949
ISBN : 2.7459.1143.0
Dépôt légal : 2e trimestre 2004
Imprimé en Belgique